Spencer Johnson, M.D.
史賓賽·強森博士

走出迷宮

尋找人生新乳酪

Out of the Maze

An A-Mazing Way to Get Unstuck

謝佳真——譯

36位各界名人一致誠懇推薦！

——依姓名筆劃序排列——

—最懂華人的留學申請顧問— **Sabina**

—資深行銷公關人— **丁菱娟**

—閱部客— **水丰刀**

—台大前校長— **李嗣涔**

—康太數位整合有限公司 創辦人暨董事長— **李易騰**

—故事革命 創辦人— **李洛克**

—英特亞知識科技總經理— **李思恩**

—華邦電子副總經理— **白培霖**

—廣播主持人／作家— **光禹**

—行銷專家／BDO Taiwan副總經理— **吳育宏**

—職場力部落客— 江湖人稱S姐

—心曦心理諮商所 所長— 周慕姿

—奇果創新管理顧問有限公司 首席顧問— 周碩倫

—希望種子國際企管顧問股份有限公司總經理— 林明樟

—華人提問式銷售權威— 林裕峯

—暢銷書《業務九把刀》作者— 林哲安

—國家衛生研究院、台大醫院精神部 主治醫師— 林煜軒

—Money錢雜誌顧問— 林奇芬

—臨床心理師— 洪仲清

—臺灣夢想城鄉營造協會理事長— 徐敏雄

—學思達教師社群創始人— 張輝誠

—臨床心理師— 許皓宜

—和碩聯合科技 董事長— 童子賢

—馬偕兒童醫院醫師— **黃璐寧**

—專業作家— **黃國華**

—價值投資者／財經作家— **雷浩斯**

—經理人月刊總編輯— **齊立文**

—暢銷作家、心理學教育家— **劉軒**

—將來銀行 籌備處執行長— **劉奕成**

—TFT為台灣而教 創辦人— **劉安婷**

—台灣科技大學資訊管理系 專任特聘教授— **盧希鵬**

—財信傳媒董事長— **謝金河**

—科技部長— **陳良基**

—《一擊必中！給職場人的簡報策略書》作者— **鄭君平**

—鮮乳坊創辦人— **龔建嘉**

—臨床心理師— **蘇益賢**

迷宮就是我們的舒適圈

—英特亞知識科技總經理— 李思恩

如果你曾經讀過《誰搬走了我的乳酪？》，不知道是否也和我一樣，在最後很想問作者「然後呢……?!」。

儘管我們的理性告訴自己應該像小小人哈哈一樣，化被動為主動，尋找新的出路。但在現實中，能在改變出現的時候，立即行動尋找出路的人畢竟是少數，恐怕更多人是像哼哼一樣生著悶氣，繼續觀望，期待一切恢復原狀！所以我更好奇哼哼的後續……他要多久後才會採取行動？應該不可能坐以待斃吧?!

很高興有機會先看到了《誰搬走了我的乳酪？》續集——《走出迷

宮》的書稿。我迫不及待地一口氣讀完！也讓我的疑問獲得解答！

我們都知道計畫趕不上變化，在這多變的年代，身邊習以為常的乳酪隨時可能消失！除了努力尋找乳酪，我們是否有其他的選擇？如果出現了可以替代乳酪的食物，我願意嘗試嗎？又或是要等到快餓死了再來嘗試新食物？

「沒說不可以就可以！」雖然很多人都知道這句話，但在我的課堂上進行「突破習慣領域」的練習時，大部份同學仍然受限於原有的思維模式，渾然未覺規則已經改變，原有的成功典範竟然成了讓自己失敗的詛咒！

迷宮就是我們的舒適圈，走出舒適圈是需要勇氣的！

讓我們透過史賓賽・強森博士的寓言故事，隨著哼哼的心路歷程，一起探索《走出迷宮》的路徑吧！

用突破框架的創新思維　走出迷宮

—奇果創新管理顧問有限公司 首席顧問— 周碩倫

因為很重要，所以我看了三遍才動手寫這篇推薦文。（當然篇幅不長也是重要原因）我建議你也應該至少讀三遍，反覆思索其中的奧義。面對世界的變化，這是一本篇幅短小但寓意深遠的巨著，值得你細細思索。

「害你惹上麻煩的並不是你不知道的事，而是那些你自認為一清二楚，實際上卻狀況外的事。」我在兩岸協助許多中大型企業進行組織創新與轉型。轉型成功或失敗的關鍵就在於這本小書中提到的「信念」或「思維模式」的問題。用舊時代的信念和思維模式去開創未來往往徒勞無功。唯有重新檢視「信念」，揚棄不合時宜的舊信念，企業才有可能成功轉型。很多企業發現「開始新的」其實不難，但是要「忘記舊的」才是真正挑戰。這本書就是教你如何忘記過去。

走出迷宮的故事讓我想起了經典的富士軟片案例。一九八〇年代數位相機崛起，軟片的銷售逐步下滑。柯達拒絕相信數位時代的來臨，堅守軟片市場，持續改善軟片的使用體驗，但終究還是被時代所淘汰！富士軟片選擇不留戀過去的成就，勇敢走出軟片的迷宮，開創了液晶螢幕ＬＣＤ鍍膜技術、Astalift 化妝品、Fuji Xerox文件處理、以及製藥……等新業務。乳酪沒有了，那就吃蘋果、牛排、滷肉飯吧。富士走出迷宮、不停探索的結果，當產業龍頭柯達二〇一二年宣告破產之際，富士軟片的營收反而攀上了事業的高峰。創新對很多企業來說不是為了求「勝」，而是為了求「存」。如果不隨著時代的改變來檢視過去的信念，就有可能「贏了所有對手，卻輸給了時代。」

舊的信念是一個牢籠。舊的思維、流程、做法就是窗戶上的鐵條。舊的客戶、舊的供應商、舊的經銷通路、舊的主管、舊的員工……是過去企業賴以提供價值的價值網絡，卻也是企業創新轉型的陷阱。如果不能針對未來，全盤檢討過去堅信不疑的信念，企業很容易就會被舊的價值網綁架。在舊思維框架裡再怎麼努力，就好像哼哼一樣，揹著沉重的舊工具在黑暗的迷宮裡尋覓不存在的乳酪，是不可能走出迷宮的。要去質疑假設、探索未知、相信未來，才有可能走出迷宮！

建議企業可以藉由這本小書，引導全員思考「有哪些信念會扯你後腿？又有哪些信念會拉你一把？」全體員工一起「換一副腦袋，選用新的信念」，相信你一定可以順利走出幽暗迷宮，迎向光明的未來。

你有你的計畫，世界另有變化。

—希望種子國際企管顧問(股)公司 總經理— **林明樟**

時代與環境不斷變化，即使你不想改變，環境也強迫著你跟著變化。每一次的變化，就代表我們要跳出習以為常的舒適圈。即使下定決心改變，常常在過程中遇到未曾經歷的職涯黑洞或人生迷茫，一眼望去都是黑暗不見天日，就像書中的迷宮一樣。

這時候的您，心中會冒出很多小聲音？

「該不該改變？」、「這改變是對嗎？」、「我是不是應該原地不動才是上上策？」、「我都改了這麼久了，為什麼沒有看到成效？」、「真的值得改變嗎？」、「萬一失敗了，怎麼辦？」這些不斷出現的腦中想法又將您拉回變與不變的猶豫不決中⋯⋯

走出迷宮需要勇氣。如何在變局中調整自己的三觀信念（人生觀、價值觀、世界觀），適應變局，進而改寫自己的人生大局，這本書中你可以找到很多很多有用的智慧與方法。

這本好書，我看了兩次，每次體會都不一樣，處處充滿著人生與工作智慧，透過書中的幾位小小人主角，一步步帶著您體會改變中面臨的恐懼、迷惘、不知所措、如何踏出第一步、如何在過程中尋找可能的解法、如何一步步突破不同階段面臨的新問題⋯⋯這本超級好書，ＭＪ誠摯推薦您帶著強森博士的智慧一起創造自己精采的人生。

即便是信念，你還是有選擇的自由

—學思達教師社群創始人— 張輝誠

看來還是說故事，更容易讓人理解許多人生道理。

如果說作者的前一本書所說乳酪，是人的安逸生活、穩定資源、不虞匱乏的比喻，那麼被搬走、消失的乳酪，就是人生的意外、變動和危機，人們相信的乳酪常有，但現實卻是乳酪有一天必定消失，這是宇宙擺盪於變與不變的自然現象。問題在於，當變動來臨，人們應該如何面對變動？

《走出迷宮》的故事便是在討論乳酪消失之後，不同主角對於變動產生之後的應對方式，有的會固執著於舊信念（如小小人哼哼），有些則會激盪出新的信念，並且勇於改變、創新及行動，然後看見更寬廣的新世界

（如小小人哈哈）。而原本固着與舊信念的主角哼哼，作者特別去拉開、放大他內心世界的各種情況，充滿負能量、掙扎、困惑、抱怨、緊張、猶豫、徘徊、依戀（而這也正是一般人面對變動時的內心情狀），然後憑藉著自己飢餓瀕死的原始求生本能（彷佛置諸死地而後生），開始勇敢跨出突破舊信念的框架（是的，信念也會形成框架，限制著人的行為和創意），再經過沿途朋友的指引和幫助（是啊，看看朋友有多麼重要），最終逐漸形成新的信念，看見更寬廣的新世界。

整個過程，圍繞著信念，信念確實會讓人產生生命力，但也會同時出現局限和限制，並且過去曾經以為千真萬確的信念，很可能因為時代的進步而變得陳舊不堪、不合時宜，所以如何與時俱進，保持寬廣的接納能力，面對各種新舊紛陳甚至多元的各種信念，人們就需要學會精準的判斷，以及讓自己有選擇的自由，可以汰舊更新，日新又新。面對變動的人世，如何轉念，可以從負能量、壞心情、坐以待斃，轉成正能量、平和心情、積極有所作為，小小人哼哼，做了最好的示範，而作者罹患重症之際的心態轉變，其實也做了最好的真實示範。

讓自己先相信，他就有可能發生。

—鮮乳坊創辦人—龔建嘉

在現今變化多端的社會環境當中，

曾經你學會一個技能，可以使用一輩子，

而現在每一項職業未來都可能會消失或是被取代。

快速調整自己對於社會的變化變成一個長期的功課，

在這本書中用簡單有趣的故事來描述了如何透過換一個腦袋，選用新的信念，來更容易的面對事情的挑戰。

哼哼不再是哼哼，如何讓自己走出思考的困境？

我很喜歡小王子一書中所提到的：
真正重要的事情，眼睛是看不見的。
而在此書中則是說：
有時候，你在看不見的時候，就得先相信。

還記得一開始用群眾募資發起台灣乳品革命的時候，
沒有農產品透過群眾募資獲得關注，更沒有人用網路通路來販售鮮乳。
這些不可能，都成為了更值得去嘗試的理由，
「舊信念不能帶你找到新乳酪」。
後來我們透過「借冰箱計畫」，把家家戶戶的冰箱當作鮮乳的取貨點，用非典型通路拓展了鮮乳可以到達的地方。
畢卡索說：想像力所及，都是真的。

我想，信念就是這麼一回事，
讓自己先相信，他就有可能發生。
誰搬走了乳酪？我不知道，等你來一起進入這個故事，
看看我們能夠從哪邊開始，走出迷宮。

「我不可能相信這種事情！」愛麗絲說。

「是嗎？」王后以憐憫的口吻說道。

「再試一次看看吧！先深深吸一口氣，還要閉上眼睛。」

愛麗絲笑出來，說：「試也沒用的，人總不能相信不可能的事。」

「我敢說妳沒什麼練習吧。」王后說。

「我在妳這個年紀的時候，每天一定要練上半個鐘頭。

說真的，有時早餐還沒吃，我就多相信了六件不可能的事情呢。」

——路易斯·卡羅

想像比知識重要，知識有時盡，想像卻包羅萬象。

——愛因斯坦

目　錄｜Contents

《走出迷宮》的幕後故事

史賓賽．強森博士創作《誰搬走了我的乳酪？》的初衷，是砥礪自己闖過當時的人生關卡。他跟人分享這一則小小的寓言，見到大家的生活與工作，因為這個故事而更上一層樓，過了許多年後，才將這一則故事製作成一本小書。

史賓賽的小小寓言出版不到六個月，便印行了超過一百萬冊的精裝本，五年內的銷售量更是突破了兩千一百萬冊。亞馬遜網路書店二〇〇五年的單行本暢銷總榜冠軍書，正是《誰搬走了我的乳酪？》。

這些年來，史賓賽膾炙人口的經典之作走進了家庭、企業、學校、教堂、軍隊、運動隊伍，遍及世界各地，有許多語言版本。讀者與書迷聲稱他們從故事學到的智慧，改善了他們的職涯、公司、健康、婚姻，這個故事的魅力所向披靡。

然而史賓賽覺得，故事中仍然還有一些疑問尚未回答。

他在這一部續作的筆記裡寫道：「許多人看完原先的故事以後，想要更進一步了解**原因與做法**。為什麼我們有的時候可以順應現況、駕馭自如地度過變局，有的時候卻不行？在變動不定的世道裡，怎樣才能更快速、更輕鬆地適應環境，讓人生更幸福？而且不論我們每個人認為的『成功』是什麼，都能活得更好呢？」

史賓賽認為，要探索這些問題的答案，最好的辦法便是延續乳酪的故事，增添關鍵的情節。

《誰搬走了我的乳酪？》為讀者指出了一條出路，教導讀者如何因應生活中及工作上的變局。

現在，《走出迷宮》則提供了踏上這條路的竅門，不僅可以協助你調適變局，還可以改寫你的命運。

前言

艾默森・強森、奧斯丁・強森
克里斯提安・強森

真高興你即將閱讀《走出迷宮》的故事。

家父從小小年紀，便一直在尋找助人的方法，並對此樂在其中。十幾歲時，他開辦游泳班，協助街坊鄰居的孩子學會游泳。年輕時，他接受了外科醫師的訓練，後來他終於發現，寫作才是他真正的熱忱所在。寫作可以讓他為更廣大的人效力。

我們深深地思念父親，對於他對這個世界的貢獻，我們非常引以為榮。

不論在人生的高峰或低谷，他本人都時常應用故事裡的語句與格言。當他罹患胰臟癌，這些文字協助他在過世之前，以全新的眼光看待自己的病痛，讓他可以從愛與感恩的立場，擁抱自己面臨的變局。

在故事後面，我們附上一封他在病情最後階段寫的信，我們認為從信件中，可以窺見他平時如何在生活中貫徹故事裡的教誨。

希望各位讀者會喜歡這本書，祝福你。

強森一家人

二〇一八年七月

在芝加哥的研習班

A Seminar : Chicago

在一個秋高氣爽的日子裡，一群人出席一週一堂課的商務開發研習班。這是倒數第二堂課，講師請他們在今天上課之前看完一則小故事，故事裡有兩個人物：哼哼與哈哈，他們對變局的反應截然不同，書名是《誰搬走了我的乳酪？》。

研習營的講師是丹尼斯，他請全班安靜。

「好了，各位，我要先拋出一個問題：我們的乳酪到底被誰搬走了？這下子，我們要怎麼辦才好？」

學員們笑了出來。丹尼斯很擅長讓他們在教室裡感到自在，但他們也曉得一談到商業，丹尼斯的見解可是很精闢的。

他們開始討論這本書。有的學員說自己獲益匪淺，在工作上及生活上都是大豐收。

但是，有的學員感到疑惑。

「我可以理解順應變化的概念。」亞力克斯說，他從事科技業。「但是談何容易啊。到底要怎麼做呢？」

米雅有同感，她是醫師。「有些變化似乎很容易調適，但有的就真的很棘手。」

「而且我的工作不僅僅是變了個樣。」亞力克斯補充道。「感覺更像是消失不見。」

「我也是。」布蘿克說，她在出版業服務。「有時候，我覺得我們這一行的樣貌，都變到我不認識了。」

「有時候，我連自己的生活都不認得。」亞力克斯說。其他人哈哈笑。「我是認真的。」他說。「狀況一下子就變了好多。要是可以，我也會『跟著乳酪跑』——問題是有一半的時間，我連乳酪上哪去了都不曉得！」

大夥兒你一言、我一語的，這時坐在教室後面的年輕人舉起手，說了一句話。他是提姆。

丹尼斯揚起雙手，制止眾人的發言，等到大家都安靜下來，他請提姆重新發問，好讓全班聽見。

提姆清清嗓子，說道：「那哼哼呢？」

亞力克斯回頭，望著這個年輕人。「你想知道哼哼的什麼事情？」

提姆說：「哼哼後來怎樣了？」

教室鴉雀無聲，大家都在回想哼哼與哈哈的故事，問自己相同的問題。

「這就是我想知道的事。」提姆繼續說。「老實講，哼哼是我最有共鳴的角色。」

「哈哈可以跟上變化，找到自己的路。哼哼卻坐在空蕩蕩的家裡，自己一個人生氣。在我看來，他跟哈哈一樣渴望找出答案，腦筋卻卡死了。我實在很不想承認，可是我的處境也跟哼哼差不多。」

一開始，沒人作聲，然後米雅開口了。

「我懂你的意思，我的處境，大概也跟你沒兩樣。我很想去有乳酪的地方，不過，我連要從哪裡踏出第一步，都想不出來。」

一個接一個，他們都察覺到自己對那個年輕人說的話心有戚戚焉。在故事中，哈哈出門找到「新的乳酪」。他順應變化，也成功了，但哼哼依舊茫然。

許多學員也一樣茫然。

那一整週，丹尼斯都思考著那位年輕人和他提出的問題。

過了一週，當全班又回來上課時，他說：「我一直在思考你們上個禮拜的問題，為什麼哈哈可以改變自己，哼哼卻不行，以及哼哼後來怎麼樣了。」

「我想這個故事還沒結束，我想和各位分享後續的發展。」

教室安靜下來，靜到連老鼠眨眼睛都聽得到，大家都想知道：哼哼後來怎樣了？

「各位大概記得《誰搬走了我的乳酪？》的情節吧。」丹尼斯細說從頭……

《誰搬走了我的乳酪？》原始故事

從前從前，在一片遙遠的土地上住了四個小小的角色，他們在一座迷宮裡跑來跑去，尋找乳酪來滋養自己，找到了就很開心。有兩個角色是小老鼠，叫嗅嗅和快快，另外兩個角色是小小人，叫哼哼和哈哈。

迷宮是由許多走廊和房間構成的迷魂陣，有些房間裡有美味的乳酪。但迷宮中也有黑暗的角落跟哪兒都去不了的死巷子。

有一天，他們全都來到一條走廊盡頭的C號乳酪站，找到自己心愛的乳酪。之後，他們日復一日地回到C號乳酪站，享用鮮美的乳酪。

不久，哼哼和哈哈的生活，便完全以C號乳酪站為核心。至於乳酪是從哪兒來的，又是誰放的，他們毫無頭緒，他們只是認定乳酪會永遠存在。

然後有一天，乳酪沒有出現。

當他們看到乳酪沒了，嗅嗅和快快便立刻上路，尋找新的乳酪。

但哼哼和哈哈不是那樣。這兩個小小人站在那裡，愣在原地。他們的乳酪不見了！怎麼會發生這種事？又沒人警告過他們！天理何在！事情不該是這樣的。

他們意志消沉了好幾天。

終於，哈哈想到嗅嗅和快快跑進了迷宮，決定把小老鼠當榜樣，也去尋找新的乳酪。

「哼哼，有時候情況就是會改變，永遠不會恢復原狀。」哈哈說。

「看樣子，這就是我們現在的處境，生命會不斷向前進，我們也要識時務。」

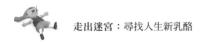

說完話，他便走了。

幾天後，哈哈回到C號乳酪站，他帶來了幾塊小小的新乳酪，想分給哼哼吃。

可是哼哼覺得自己一定不會喜歡新的乳酪，這不是他吃慣的那一種，他想要屬於他的乳酪。因此，哈哈萬分不捨地又一次獨自上路，去尋找新的乳酪。

就這樣，哼哼再也沒有見過他的朋友哈哈。

新的故事 後續的發展

The New Story：What Happened Next...

一連幾日，哼哼待在C號乳酪站旁邊的家裡，來來回回地踱步，心煩意亂地在發火。

他仍然認為乳酪應該天天出現，沒出現就覺得豈有此理，他很確定只要自己堅定立場，一直等下去，局勢便會翻轉。

結果卻不是那麼回事。

還有，哈哈為什麼沒有回來？哼哼一邊踱步，一邊思考著各種答案。

起初，他對自己說：「他正在回來的路上。他隨時會到，一切會恢復正常。」但是「隨時」了很多天，依然不見哈哈的人影。

哼哼越來越喪氣，他的思緒便轉了彎。

「他忘掉我了。」

「他在躲我。」

「他是故意不回來的！枉費我們朋友一場，他怎麼可以背叛我？」

最後一個念頭激怒了哼哼，他越是這樣想，越是怒不可遏。

他氣哈哈撇下他一個人，氣乳酪不見了，氣自己做的每一件事都沒有解決問題，也沒有改善情況。他總算停下腳步，大吼：「這不公平！」

哼哼踱步踱到累壞了，心情又差，便攤坐在心愛的扶手椅上，擔憂起來。

萬一哈哈迷路了呢？

萬一他受傷了呢？或是有什麼三長兩短呢？

哼哼忘了生氣，只牽掛著朋友，想著哈哈可能遇到的慘事。

一段時間後，他冒出一個截然不同的問題。他不再想著：「哈哈怎麼還沒回來？」而是納悶：「我怎麼沒有跟著他去呢？」

他推論著，假如他跟哈哈結伴上路，或許狀況就會不一樣。或許哈哈就不會迷失方向，或許他就不會遭逢不幸，或許他們現在就可以一塊兒吃乳酪。

他怎麼不像哈哈那樣，**跟著乳酪跑**？

他怎麼沒有和哈哈一起走呢？

這個問題啃蝕著他的心，就像老鼠啃食著乳酪。

他的肚子越來越餓。

哼哼又從椅子站起來，繼續踱步，被地上的東西絆了一跤。他彎腰撿起那件東西，吹開上面的灰塵，才認出那是什麼。

是一支舊鑿子。

他想起自己曾在某一天扶著鑿子，哈哈用鐵鎚敲打鑿子的頭，就這樣，兩人合作在C號乳酪站的牆壁上鑿穿一個大洞，檢查牆壁的後面有沒有新的乳酪。他幾乎可以聽見鐵鎚敲打鑿子的聲音，在家裡的牆壁間迴盪。

叮！叮！叮！

他在地上摸一摸，找到他們以前的鐵鎚，也吹掉上面的灰塵。直到這一刻，他才意識到自己跟哈哈兩個人，真的很久沒有並肩同行，一道去找乳酪了。

他思念自己的朋友。他開始擔心了，這麼久以來，他都認為乳酪會重新出現，而哈哈會回來。

可是依舊沒有乳酪，也不見哈哈的影子。

他總得做一點什麼。他不能繼續守在家裡白白等待。他得進入迷宮，搜尋乳酪。

哼哼翻箱倒櫃，找出跑鞋，套到腳上，就像當初跟哈哈合作尋找乳酪的時候一樣。他一邊綁鞋帶，一邊回顧自己目前掌握到的情況。

他知道自己必須找到新的乳酪。要不然就會沒命。

他知道迷宮是危險的地方，充滿黑暗的角落跟哪兒都去不了的死巷子。所以，他必須十二萬分的小心。

最後，他明白自己如果要度過難關、找到更多的乳酪並且活下去，他只能自立自強，他只有一個人。

他把這些都寫在紙上，收進口袋，以防忘記。

認清了事實真相以後，哼哼感到心安。至少，他知道自己的實際情況。

他看看鐵鎚和鑿子，也許這些工具會在眼前的旅程派上用場，協助他探索迷宮的深處。

他撿起工具，裝進袋子，掛在肩膀上。

帶著事實真相、一把堅固的鐵鎚和鑿子，哼哼便冒險走進迷宮。

事實眞相

1. 我得找到新的乳酪。
要不然，我會沒命。

2. 迷宮是危險的地方，
充滿黑暗的角落和死巷子。

3. 我只能自立自強，
我只有自己一個人。

＊

隨後幾天，哼哼穿過一條又一條的走廊，不斷深入迷宮。這些走廊空無一物，只有零零落落的一些小石頭，沒有乳酪的蹤影。

每一次發現新的房間，他都探頭進去，瞧瞧有沒有乳酪，但每一間房間都是空的。

他不時會遇到黑暗的角落，碰到這種情況他便會趕緊折返，換個方向。他絕對不要迷路。

偶爾，他會經過死巷子，他會往巷子裡看一看確認情況，一旦看見巷子底只有一堵磚牆和一片黑暗，便繼續趕路。

哼哼在迷宮各處發現哈哈路過的痕跡，看見哈哈寫在走廊牆壁上的一些標語，哈哈還用乳酪造型的塗鴉，圈起每一則標語，哼哼覺得那些標語很莫名其妙。

總之，他實在太餓也太累，無心停下來閱讀。

仍然找不到乳酪。

哼哼持續探索，一直想著那個令他煩悶的問題，在心裡反覆思索。

他怎麼沒有跟著哈哈走呢？

坦白說，哼哼一向認為跟哈哈相比，自己才是有腦筋的那個人。哈哈是不錯的小小人，是個好夥伴，個性爽朗又很幽默。不過，哈哈比較像副手，不是當家作主的人，這是哼哼一貫的看法。

現在哼哼的信心動搖了。

「我怎麼沒有抓住機會，跟著哈哈上路呢？」他喃喃自語。

是因為他很固執嗎？或者純粹就是愚蠢呢？

還是，他其實只是一個差勁的小小人？

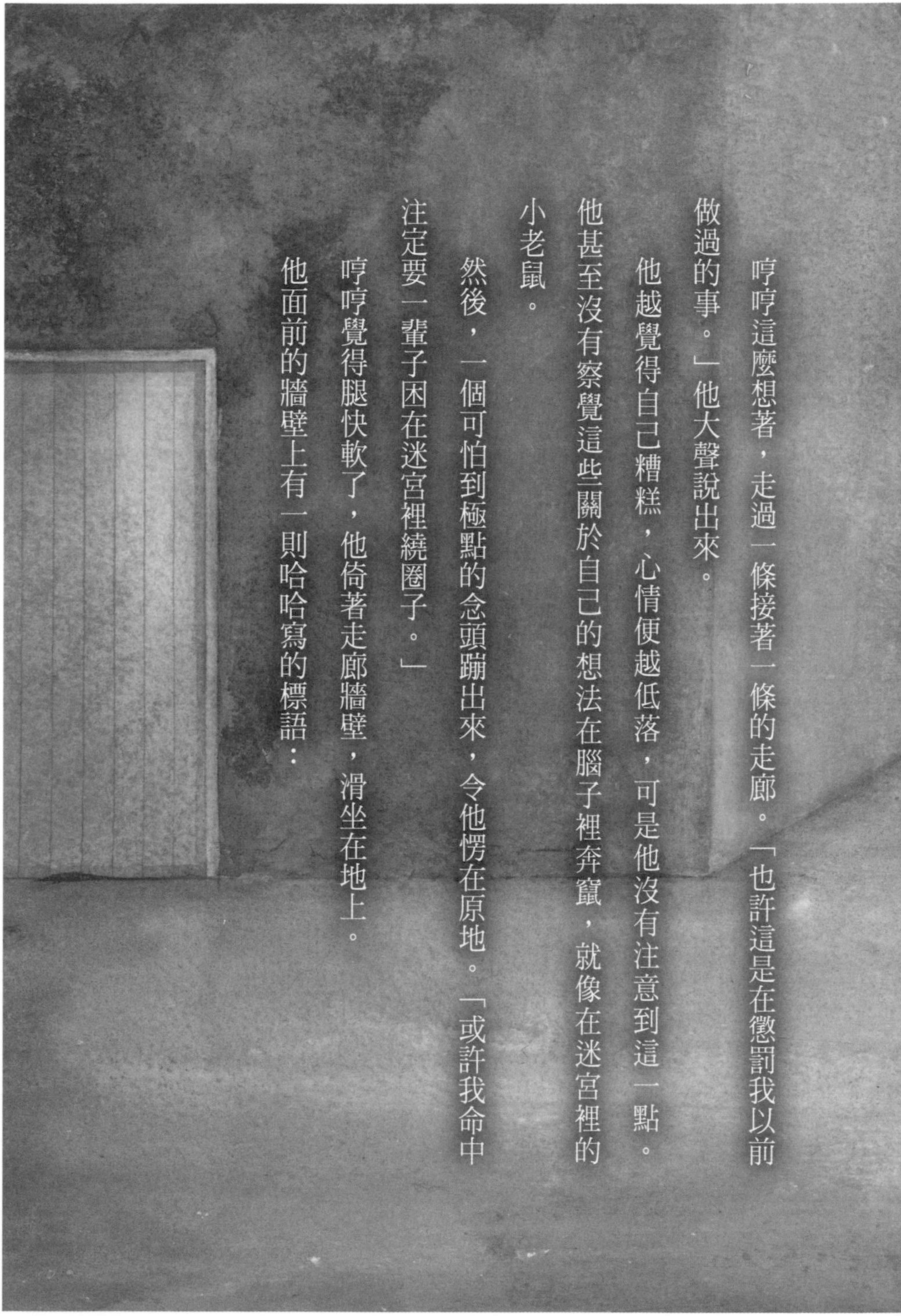

哼哼這麼想著，走過一條接著一條的走廊。「也許這是在懲罰我以前做過的事。」他大聲說出來。

他越覺得自己糟糕，心情便越低落，可是他沒有注意到這一點。他甚至沒有察覺這些關於自己的想法在腦子裡奔竄，就像在迷宮裡的小老鼠。

然後，一個可怕到極點的念頭蹦出來，令他愣在原地。「或許我命中注定要一輩子困在迷宮裡繞圈子。」

哼哼覺得腿快軟了，他倚著走廊牆壁，滑坐在地上。

他面前的牆壁上有一則哈哈寫的標語：

舊信念不能帶你找到新乳酪。

Old Beliefs Do Not Lead You To New Cheese.

哼哼只是搖頭。

「噯，哈哈啊，」他喃喃自語，「你在想什麼呀？乳酪有就是有，沒有就是沒有，跟信念一點都沾不上邊！」

哼哼第一次開始納悶，哈哈該不會是氣力耗盡，支撐不住，索性放棄了吧，他懷疑自己現在就落入了那種處境。

頓時，孤寂與恐懼一擁而上。

一切都與過去截然不同。以前，哼哼和哈哈在迷宮裡工作、在迷宮裡社交，在這裡長大成人，建立自己的生活，迷宮是哼哼的全世界。

但迷宮變了。

現在，人事全非。哈哈不在了，嗅嗅和快快不在了，乳酪不在了，他在走廊遊遊蕩蕩，身體越來越虛弱，哼哼不明白事情怎麼會變成這樣。

迷宮成了一個黑暗又駭人的地方。

他在地上蜷起身體，睡得很不安穩。

＊

哼哼驚醒了，他感覺一隻腳撞到東西，那東西就在他躺臥的地板上。一共有好幾個。他坐起來，打量那些玩意兒。那是圓圓的小石塊，跟拳頭差不多大。

他拾起一顆，摸摸石塊平滑、閃亮的紅色表面。這根本不是石頭。聞起來有一股香味。

其實是香得不得了，哼哼都想咬一口了。

這個念頭讓他吃了一驚。他在胡思亂想些什麼呀？不管這是什麼，這絕對不是乳酪。

吃了可能會有危險。

他看看四周，差點嚇得跳起來。

有一個小小人坐在他的附近，盯著他看！那人不是哈哈，也不是他們的老朋友，哼哼沒有見過這個小小人。

他不曉得自己是該笑著打招呼，還是應該害怕。

那個小小人拿起一顆那種不是石頭的紅色小玩意兒，要給哼哼。「你看起來很餓的樣子。」她說。

「可是我不能吃這個。」哼哼說。「這不是乳酪！」

「你說這不是什麼？」

「乳酪。」哼哼重說一遍。「這不是乳酪。」

她沒說半個字，只是一副困惑的神情。

「乳酪是『食物』的另一種說法。」哼哼很有耐心地解釋。「每個人都吃乳酪，連老鼠也是。」

「喔。」另一個小小人說。兩人沉默了一會兒。然後她說：「我就不吃乳酪。我連『乳酪』都沒見過。」

哼哼難以置信，竟然有不吃乳酪的小小人？不可能啦！

那個陌生人仍然拿著那一顆小石頭，要給哼哼。哼哼看著石頭，搖搖頭。

「不管這是什麼，我都不能吃。」他說。「我只吃乳酪。」

他重新躺回地上，感到絕望。一會兒後，他隱約聽到陌生人說：

「我敢說你辦得到的事，一定比你想像中更多……」

但哼哼又漂進了夢鄉。

幾個鐘頭後，哼哼睜開眼皮，覺得飢腸轆轆，是有生以來最餓的一次。晚餐時間到了！他心想。然後不願面對的現實，又咻地湧上他的心頭。

沒有乳酪，沒有晚餐。

他坐起來。陌生人不在了，但是小小的紅色石塊還在原地。他拾起一顆，再聞一聞，氣味很甜美。

他來不及思考自己在做什麼，便咬了一口。口感清脆，很多汁！甜甜的……但也酸酸的！嚐起來跟他吃過的乳酪截然不同，他把整顆石頭都吃完，他就是忍不住。

他重新躺好，咕噥說：「我幹了什麼好事？我竟然吃石頭！」他很確定自己快要死了。

他再度昏然入夢。

他一覺到天亮，這還是這麼多天以來的頭一遭。

隔天早上，他醒來時，陌生人又來了，一屁股坐在地上，手臂環抱著膝蓋，盯著他看。

「你沒死。」她說。

「對。」哼哼說。「我沒死，是吧。」

事實上，他覺得更有精神了。

陌生人又給他一顆石頭。哼哼拿了就吃。這當然不是乳酪，卻很美味，他一邊吃，一邊覺得漸漸有了力氣，他的精神一點一滴地恢復了。

陌生人趁著哼哼啃石頭的時候，跟他說話。她的名字是盼盼，住在附近，在一個叫A號水果站的地方。她說，這種石頭是「水果」。她還說，這種石頭的名稱是「蘋果」。

這時，哼哼在吃第三顆蘋果。

盼盼告訴哼哼，這陣子水果變得稀少，最近幾天她都在探索迷宮的不同部分，尋找新的水果來源。

「本來我每天一起床，蘋果就在那裡了。」她說。「可是最近越

來越少。

「其實，」她指著哼哼正在大嚼的那一顆水果，「那是我的最後一顆。」

哼哼停下咬到一半的動作，望著她。「妳是說，蘋果沒了？」

她點點頭。「蘋果不再出現了，我不知道原因。」

哼哼看著自己即將啃完的蘋果，又看著盼盼。「妳把最後的蘋果都給我了？」

盼盼聳聳肩膀。「你看起來很餓嘛。」

「我是很餓。」哼哼說。「但妳不是也餓了嗎？」

「是有一點。」她承認道。

哼哼想到盼盼把剩下的蘋果統統送給他吃，這才察覺到自己還沒跟人家道謝。

「謝謝妳。」他說。

「不客氣。」她說。

哼哼搖搖頭，感到驚奇。「吃這種東西，居然讓我有了精神。」他說。「我沒辦法相信會有這種事！」

盼盼笑著說：「你當然可以相信啊。這又不難，你只要豁出去試試看。」

哼哼聽得一頭霧水，只要豁出去試什麼呀？他實在不懂盼盼在說什麼。

但他很清楚一件事：他依然很餓。

他們一直談論吃東西的話題，令哼哼想起了自己進入迷宮的初衷，既然他吃了奇怪的新食物，力氣開始恢復了，就應該繼續上路，去尋找乳酪。

目前為止，他尋找乳酪的努力都落空了——而他很清楚問題的癥結。

「我只是還不夠認真找。」他解釋道。「我應該做的事，就是去探索迷宮裡我還沒去過的地方。」

盼盼聳了聳肩。「我也要一起去，如果你不介意的話。」

（盼盼還不曉得他們要如何脫離困境，但她毫不懷疑他們一定會成功的。）

哼哼不情願地點了點頭。有個伴不會少塊肉。他站起來，又注意到他的朋友哈哈寫在牆壁上的奇怪標語：

舊信念不能帶你
找到新乳酪。

Old Beliefs Do Not Lead You
To New Cheese.

「或許是不行。」他對著牆壁上的標語說。「但就讓我來告訴你，什麼才可以讓你找到新的乳酪：就是更努力去找！」

哼哼說完話，把工具袋掛到肩膀上，兩人便出發了，晃過一條又一條走廊，把頭探進一個又一個房間，戒慎地避開黑暗的角落和死巷子。

他們找到的每個房間都是空的，但哼哼下定決心，他不要放棄。

一路上，哼哼跟盼盼聊著往日時光，說自己跟哈哈，以及他們的朋友嗅嗅跟快快，每天都去找乳酪，以前乳酪的產量很豐富，很容易找，俯拾即是。他們只要到住家附近的幾條走廊看一看，一定會找到乳酪。

「那時候，討生活比較簡單。」他說。隨後沉默下來，兩人繼續走。

此一時，彼一時。哼哼不再是昔日的那個小小人。他曾經強壯又驕傲，非常有自信，是其他小小人另眼相看的人物。

但是乳酪的消失無蹤，顛覆了一切。這種狀況挫了他的銳氣。他不再強壯，眼睛也不再長在頭頂上。

哼哼思忖著這些事情，突然察覺他對自己不像以前那麼篤定，自己平時的自信，已經動搖了。

這對哼哼來說很新鮮。

他從來沒有真的注意到自己的思緒，也不曾退後一步，思考自己如何看待事情。

對他來說，他對事情的看法，就是事情的真實樣貌。

他們穿越走廊，零零星星地撿到小塊的乳酪，夠哼哼塞牙縫，緩解肚子空空的痛苦。

盼盼也嚐了幾口乳酪，覺得很美味。

他們不時會在牆腳邊撿到一顆蘋果，兩人便分著吃。

憑著塞牙縫的乳酪和偶爾一顆的蘋果，他們勉強可以走回起點，好好

休息，第二天再繼續搜尋。

每天出發時，哼哼都覺得自己的精力比前一天衰退。

他們會徒勞無功地搜尋好幾個鐘頭，返回相同的起點，然後哼哼會把工具袋扔到地上，倚著走廊的牆壁頹然坐下，感覺更加疲憊不堪。

有一天，在他們回程時，哼哼垂頭喪氣，覺得自己恐怕撐不了多久了，他滿腦子只想著工具袋重得要命。

「揹著工具一定很重。」盼盼說。

「也沒那麼糟啦。」哼哼說。他不想承認工具袋像千斤般重，不想承認自己氣力枯竭。

「為什麼你每天都帶著工具上路？」她問。

「這樣我們才可以在牆壁上打洞。」哼哼說。如果找到適當的牆壁，他會請盼盼握住鑿子，就像他以前一樣，而他會用鐵鎚敲打，就像哈哈以前一樣。

「喔。」盼盼說。後來又說：「那你們成功過嗎？」

「那當然。」哼哼說，不過他心裡想著：她問題**眞多**。「世界上買不到比這更棒的鑿子！」

「我的意思是，」盼盼說，「在牆壁上打洞，真的讓你們找到新的乳酪嗎？」

哼哼沒有回答，他覺得受到冒犯，這是很精良的工具！他將沉甸甸的工具袋放在地上，發出一聲響亮的**哐啷**！然後坐下，背靠在牆壁上。

哼哼想念哈哈，他不喜歡待在迷宮的深處，離家這麼遠，他希望一切恢復原狀。

「你在想念你的朋友。」盼盼說。

盼盼對哼哼的想法似乎總是瞭如指掌，讓人的心裡有點毛毛的。

哼哼聳一聳肩。「我只希望這個世界變回老樣子。」

盼盼在他身邊坐下，也倚著牆壁。

「我了解。」她說。她瞥一眼哼哼。「但我覺得，事情大概不會那樣發展。」

「妳什麼意思？」哼哼厲聲說道。他有點不高興了。

「我認為我們的處境永遠不會回到從前。」盼盼說。「依我看，我們要想著：說不定以後的日子會比以前**更好**。」

哼哼看不出那種可能性。

「**更認真找**的計畫行不通，對吧。」盼盼輕柔地說。

哼哼沒有回答，他的心情惡劣到極點。

「也許我們需要換個策略？」她又說。

哼哼瞄她一眼，見到她抬頭望著哈哈寫的標語，標語說：「**舊信念不能帶你找到新乳酪。**」

「如果我們換一個新的信念呢？」盼盼說。

哼哼搖搖頭。「信念不能**換來換去**，信念是……自己蹦出來的！」

盼盼看了哼哼一眼，歪著頭。「但如果你決定換一個信念呢？」

「信念不是這樣運作的。」哼哼解釋著。「而且，我喜歡自己的信念，統統不必改！要是改了，那我會變成誰？我就不會是哼哼了！」

他不願意修改或放棄自己的信念，正是憑著那些信念，他才會是哼哼。

「我敢說你會換一副腦袋的。」她低聲說道。

「我幹嘛換？」這會兒哼哼發火了。「我喜歡自己現在的腦袋！」

盼盼又一次聳肩。「我也喜歡你的腦袋，但我們仍然沒有找到乳酪。」

哼哼答不出話。

兩人靜默了一分鐘。最後，盼盼站起來，說道：「好了，晚安，哼哼。祝你一夜好夢，我們早上見。」

哼哼倚著牆壁，坐在那裡皺眉頭，他在思考盼盼對鐵鎚和鑿子的說法。

在牆壁打洞對他們當然沒有用，他不是早就知道了嗎？他為什麼要揹著這些舊工具到處走呢？

因為他不知道還能怎麼辦，這就是原因。

他們永遠找不到乳酪的，他永遠找不到哈哈。他會死在這條走廊上，跟這一袋無用的工具在一起。

哼哼大嘆一口氣，發出響亮又悠長的嘆息聲，然後問了自己一個問題，自從他踏上尋找乳酪的旅程，這個問題便啃噬著他的心：

我怎麼沒跟著哈哈走呢？

就這樣，哼哼哭泣起來。

不久，他睡著了。

＊

那一夜，哼哼作了夢。

在夢中，他看到自己回到C號乳酪站旁邊的家，苦悶地踱步，滿肚子火。家裡似乎哪裡怪怪的。究竟是哪裡不對勁呢？

然後，他找到異狀了。窗戶上多了幾根鐵條！活像他被關在監獄裡似的。他隔著鐵窗打量屋中的自己，見到自己非常不快樂。於是他在睡夢中，又哭了一會兒。

他在半夜醒來，便回顧起夢境。夢境令他大惑不解。怎麼會這樣？他怎麼會成為自己家裡的囚徒，思念著朋友，卻不肯跟朋友一起走？

哼哼清醒地平躺在地上幾個鐘頭，思考這件事，一直想到破曉。

在清晨的天光下，剛好可以看出哈哈寫在牆壁上的標語，關於舊信念與新乳酪的那一句。

「也許哈哈是對的。」他靜靜地說。（把思緒說出來，可以讓他的思路清晰一點，對於思索艱難的念頭特別有幫助，比如他正在想的這一個。）

他回想哈哈離開的那一天，都那麼久了呢。當時，哈哈想跟哼哼溝通，討論他認為他們應該做的事，可是哼哼不肯聽。

「那時候我確定自己是對的，哈哈是錯的。」他說。「也許不對的人其實是我，我不信任哈哈，但我信任自己的想法。」

突然間，哼哼坐得挺挺的。

舊信念。哈哈的標語就是在講這個，只是哼哼始終不曾停下來，思考

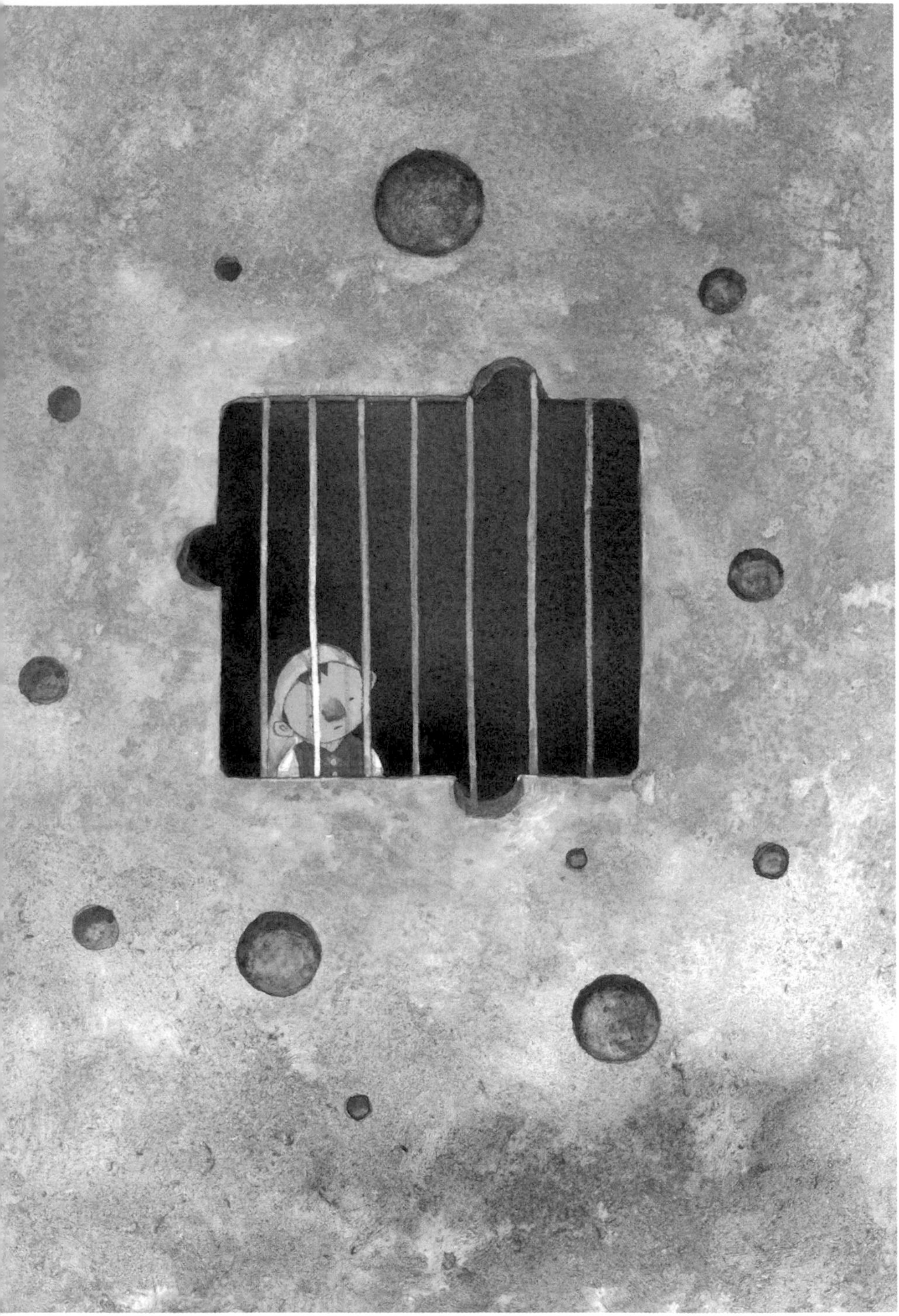

「信念」是什麼。

現在他覺得自己懂了。

他站起來，拾起一塊尖銳的石頭，把自己的新想法寫在牆壁上，跟哈哈的標語並列。寫完，還畫了一顆盼盼的蘋果，將自己的句子圈在裡面，方便他記住那是他的筆記，而不是哈哈的標語。

信念就是我認爲
千眞萬確的想法。

A Belief Is A Thought
That I Trust Is True.

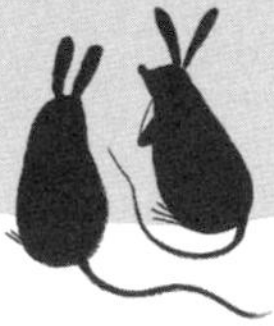

信念就是這麼一回事，信念就是一個想法，看看一個想法蘊含了多大的力量啊！

為什麼他沒有和哈哈去找新的乳酪？因為哈哈採取的觀點不一樣——哼哼看不見哈哈看見的事，他依據自己的想法留在C號乳酪站，是因為他相信自己的想法千真萬確。

他相信如果自己留下來，堅持自己的立場，情況便會起死回生。

他相信哈哈只會白忙一場，而他，哼哼，懂得怎樣做才是最好的。

他的信念束縛了他，令他只能從這樣的角度看待事情，這正是他沒有跟著哈哈走的原因。

驀地，他領悟到夢境的意思了。窗戶上的鐵條是他的舊想法，是他認為千真萬確不會錯的想法，然而這些想法實際上阻礙了他，令他不願意冒險進入迷宮。

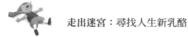

他的信念把他關在牢籠裡面！

他在牆壁上寫了另一則新的標語，也為這一則標語畫了蘋果造型的邊框。

舊的信念
可以把你關在牢籠裡。

*An Old Belief Can
Hold You Prisoner.*

他想像自己在C號乳酪站的家裡踱步，不斷想著只要持續等待，乳酪便會回來，一切便會恢復原狀。

這是另一個他深信不移的想法，對吧，又是一個把他關在牢籠裡的信念！

那麼，**所有的**信念都不好嗎？

他回想自己一覺醒來就看到盼盼的那一天，她拿了一顆蘋果請他吃。一開始，他不敢吃，後來就不管三七二十一地吃了。他信任盼盼，而盼盼把自己的最後一顆蘋果送給他！盼盼是他的好朋友。

哼哼心想，這是一個對他有益的信念。

他在牆壁寫下另一則標語：

有的信念會扯你後腿，
有的信念會拉你一把。

Some Beliefs Can Hold You Down.
Other Beliefs Can Lift You Up.

他回顧盼盼說的話：「如果我們換一個新的信念呢？」

而他是怎麼回答的？「信念不能換來換去，信念不是這樣運作的！」

但是，也許盼盼是對的。也許我們**可以**更換舊的信念，選擇新的信念。

他想要立刻挑出一個舊信念，卻半個都想不出來。對哼哼來說，「信念」的概念仍是全新的思維，他不確定信念的機制。

他抬頭看看剛才寫的幾則標語，以及框住標語的蘋果塗鴉。他記起盼盼第一次請他吃水果的時候，他說：「不管這是什麼，我都不能吃，我只吃乳酪。」

那是他原先的想法，他信任那個想法——結果那個想法根本不符合真相！因為吃下蘋果以後，他的精神就回來了。所以，乳酪**不是**他唯一一種能吃的食物。

現在，他的想法變了。

而盼盼是怎麼說的呢？「我敢說你會換一副腦袋。」盼盼是對的，他換了腦袋！

他又在牆壁上飛快地寫下：

你可以換一副腦袋，
也可以選用新的信念。

You Can Change Your Mind.
You Can Choose A New Belief.

哼哼注意到自己的精神完全振奮起來，他不禁感到意外。

以前，哼哼不喜歡別人挑戰他的信念。他不肯改變想法，誰要是指出他的想法或說法可能不符合事實，他就覺得受到冒犯。

但是現在，領悟到自己以前的錯誤並沒有讓他懊惱，認清自己的錯誤反而令他興奮。

他察覺自己以前不願意改變心意，是因為覺得受到威脅。他不想改變信念，是因為他喜歡自己的信念，他以為那些信念造就了他這個人。

如今他明白，那不是事實，他可以選用不同的想法，他可以選用不同的信念。

而他照樣是哼哼！

你不是你的信念，
而是選擇信念的人。

You Are Not Your Belief.
You Are The Person
Who Chooses Your Beliefs.

「所以真正的問題來了。」他說，來來回回地踱步，一邊說出思緒。「既然我知道什麼是信念，明白信念蘊含多大的力量，也了解選用新的信念其實很簡單……那我應該**怎麼做**呢？」

他停止踱步。

答案昭然若揭。他應該活用這一份新的認知，來協助自己達成任務。他應該去找更多的乳酪和蘋果。

問題是，他們已經用盡辦法，沒有尚未勘查的地方，四處都找不到蘋果和乳酪，他們已經窮途末路。

這是不可能達成的目標。既然真的不可能，繼續尋尋覓覓其實也沒有意義。

但是……如果這裡的「不可能」不過是另一個信念呢？他可以改變這個信念嗎？

一股麻麻刺刺的感覺竄上他的脊椎。

如果你相信
事情是有可能辦到的，
你會怎麼做？

What Would You Do If You Believed It Was Possible?

「可是等一下。」哼哼告訴自己。「我們要務實一點。」

信念這檔事的力量頂多就是這樣了，畢竟，限制總是存在的，對吧？

哼哼忖度著這個念頭一會兒。然後吸一口氣，放下這個念頭——然後，他覺得自己的念頭開始轉變！

他看看手上那一顆尖銳的石頭，又一次在牆壁上寫下他的標語：

你能相信的事
是沒有極限的

There Are No Limits
To What You Can Believe!

幾個鐘頭後，黎明降臨，盼盼來了，看見哼哼坐得挺挺的，在擦拭他的跑鞋，一邊哼著歌。

她幾乎不認得這個煥然一新的哼哼！昨晚跟哼哼道別的時候，哼哼又累又挫敗，脾氣臭得很。現在他神清氣爽，盼盼還沒見過他這個樣子。

她看著牆壁上那些新的標語，每一句都有蘋果造型的邊框。

「嘖嘖嘖。」她說。「你昨晚真的很忙耶。」

哼哼點點頭。「沒錯。」

「怎麼回事呢？」她說。

他抬頭看著她。「我換了一副腦袋了。」他說。

「很好。」她說。她重新看一遍哼哼的標語，再轉頭看他。「你改變了什麼信念？」

哼哼放下鞋子，慢騰騰地站起來。（他的身體仍然很僵硬，又痠痛，都是拖著那一袋沉重的工具四處跑的結果。）

「這部分我還沒想到。」他說。

哼哼知道自己原先的做法不管用，他必須採取截然不同的行動，這表示他要從截然不同的角度看事情，他必須換一副腦袋，選用新的信念。

但究竟要選擇什麼信念？他不知道該從何下手。

盼盼走過來，又坐在他身邊。

「我可以問你一件事嗎？」她說。（她看得出來哼哼在沉思，大概會希望她不要打斷他的專注，但這是哼哼需要聽的事。）「你說你的乳酪莫名其妙地停止出現？就跟我的蘋果一樣？」

「對。」哼哼說。

「我在想：以前，你的乳酪每天都有新鮮的現貨自動出現——那時候，乳酪是從哪來的？」

哼哼又開始不耐煩了，盼盼真的是問題寶寶！乳酪從哪來的有什麼要緊？反正乳酪已經沒了。

他停下這個念頭。

哼哼望著盼盼，思索她剛剛提出的問題。

乳酪**到底**打哪兒蹦出來的？

他以前問過這個問題嗎？哈哈問過嗎？他回顧過去，搜尋全部的記憶，追想他們共度的時光、尋找乳酪、找到乳酪、享用乳酪。他們問過自己這個問題嗎？連一次都沒有嗎？

他們沒有問過！他相當確定這一點。

哼哼覺得脈搏加快。他不明白原因，但感覺上這很重要。

他再一次看著盼盼，所有不耐煩的神色現在都消失無蹤。「乳酪……是從哪裡……來的？」他慢慢地複述。「妳知道嗎？我想這可能是一個**非**

常棒的問題。」

盼盼的眼睛發亮了。「這麼說，你想到答案嘍？」

「那倒是沒有。」哼哼說。「儘管如此，這大概仍然是個好問題。如果繼續追問下去，也許會找到一個好答案！」

他們兩人都沉默了片刻。

然後盼盼望向哼哼，說道：

「**不曉得迷宮外面有什麼**。」

哼哼瞪大眼睛看她。「**迷宮**外面有什麼？」他不敢置信地搖著頭。

「迷宮外面**什麼都沒有**。」

這是哪門子的想法！迷宮外面？根本說不通嘛。迷宮就是全世界。沒有「外面」。

「是喔。」盼盼說。她停頓一下，又看著哼哼，說道：「你確定嗎？」

「我當然確定！」哼哼說。

他們大眼瞪小眼，然後異口同聲說：

「**這是一個你認爲千眞萬確的想法**。」

這又是一個信念！哼哼覺得，這個信念大概屬於會扯他後腿的那一種，不會拉他一把。

這也是他可以改寫的信念嗎？

哼哼閉上眼睛，開始想像在迷宮外面的地方。但是在他的想像中，他只看得到迷宮，只有他認識了一輩子的迷宮。

他重新睜開眼睛，搖搖頭。「不行，我無法想像迷宮以外的地方。」

他看著盼盼。「我只看得到迷宮**裡面**的世界，我無法想像外面有什麼。」

畢竟，迷宮是哼哼所知的一切，他這輩子都住在迷宮裡面。

盼盼若有所思地看著他。然後她說：「如果只要先相信就好呢？也許相信了以後，你就想像得出來了。」

「這真是——」**這眞是胡說八道！**是哼哼差點說出來的話。但是他改口：「這真是……好主意。」

如果他可以相信的事物真的沒有極限，何不試試看呢？他重新閉上眼睛，開始想著：

迷宮外面有很美好的事物存在。

哼哼吸了一大口氣，感覺這個新的想法充滿他的腦海，如此一來，他便覺得自己可以相信這個念頭。

他睜開眼睛，寫了另一句標語：

有時候，
你在看不見的時候，
就得先相信。

Sometimes
You Have To Believe It Before
You Can See It.

他看著盼盼，說：「**我們去瞧瞧迷宮外面有什麼**。」

她笑了。「聽起來很不錯，說不定，我們會發現你的乳酪是從哪裡來的。」

他點點頭，因為這個想法而興奮。「還有妳的蘋果！」

盼盼站起來。「我贊成。」她說。「那我們要怎麼出去？」

「不曉得。」哼哼說。

他真的一點概念都沒有。他們要怎麼找路？他想都想不出來，他們已經勘查完迷宮的**所有地方**了。

哼哼記起以前跟哈哈四處尋找乳酪的歲月，他們總是避開黑暗的角落和死巷子。他向盼盼說明以前的情況，等著看她會不會再一次提出好問題。

她當然又發問了。

她說：「假如那些黑暗的角落不是黑暗的呢？」

「怎麼會不是黑暗的？」哼哼說。「畢竟，那些角落就是暗暗的，才會叫**黑暗**的角落啊！」

盼盼伸出手，從一個釘在牆壁上的燭臺上拿起一支粗粗的蠟燭。「我們帶蠟燭去，那裡就不會是黑暗的了。」

哼哼爬起來，望向走廊的另一頭，這時，他注意到盼盼沒有移動，她低頭盯著他的工具袋。

「你要帶鐵鎚和鑿子去嗎？」

哼哼低頭看著工具，慢慢地搖頭。「我想不用了。」

「很好。」盼盼說。她笑了。「帶著舊包袱展開新的追尋，我想是沒用的。」

他們返回之前勘查過很多次的走廊，只不過這一回他們是去找黑暗的角落，不再迴避。刻意尋找以前總是敬而遠之的東西，令哼哼感覺怪怪的，但他想著這種異樣的感覺，大概是必經的歷程之一。

不久，他們經過一個伸手不見五指的黑暗角落，停下腳步。他們轉了彎，邁向黑暗，盼盼舉起蠟燭，照亮這一條狹小的走廊。哼哼的心往下沉，從燭光所及的範圍，看得出這條走廊的盡頭，只有一片黑暗和一堵平坦的磚牆。

「又是一條死巷子。」他說。

盼盼一副若有所思的樣子。「我想也是。」她說。「但如果這不是我們應該相信的想法呢？再怎麼說，」她補充道，「黑暗的角落不見得都是黑暗的。也許，死巷子也不盡然都是死巷子。」

哼哼喜歡這個想法。他想要瞧瞧自己能不能保持這樣的念頭，採信，把它變成一個信念。

他閉上眼睛，再度發揮想像力。過了好久，什麼都沒發生……但是在他準備放棄之際，他在思緒的邊陲地帶瞥見某個閃閃爍爍的東西——就像看到了光，即使那不見得是光，至少有**可能**是光，他覺得心跳漏了一拍。

哼哼再次睜開眼睛，望著盼盼。

「我們進去看看。」他說。

他們緩緩進入走廊，兩人都緊張兮兮地前進。哼哼忍不住想著，迷宮很危險。這是他一輩子的信念，從他還是個小男孩的時候就是了，**迷宮很危險**……這個念頭在他的腦海裡不斷地低喃。

但如果這不是他應該相信的想法呢？

他停下腳步，盼盼跟著駐足，等著聽他要說什麼。

「就算你有了什麼想法，」他在喃喃自語，「不代表你得信以為真。」

你不見得要相信
自己的全部想法。

You Don't Have To Believe
Everything You Think.

盼盼沒有接話，她明白哼哼腦子裡在想什麼。

他們繼續前進。在他們走近時，哼哼果然看到巷子的盡頭有一團小小的光亮。那是燭光！一扇鑲嵌在門板上的小窗戶，反射出了他們的燭光！

他們打開門，走進門後的小房間，那兒跟他們勘查過的許多房間差不多，他們憑著盼盼的微弱燭光，把這個晦暗的小房間看了一遍，四個角落，四堵牆，沒別的東西。

空無一物。

失落的哼哼轉身要走，但盼盼站著沒動，望著他，彷彿在等他說點什麼。

「怎麼了嗎？」他說。「這裡是空的。」

「看起來是空的。」她說，又停下來等著。

於是，哼哼思忖起來——然後問了自己一個問題：

如果黑暗的角落不見得都是黑暗的，死巷子不見得都是死巷子，那空房間會不會不見得都是空房間？

「話說回來，」他說，「我們是不是應該重新檢查一遍？」

盼盼綻出笑容，拉起他的手。「好！」她說。

他們沿著第一道空白的牆壁走，轉彎，沿著第二道空白的牆壁走，再轉彎，沿著第三面牆壁走到一半——止步。

「妳感覺到了嗎？」哼哼輕輕說道。

「我感覺到了。」盼盼小聲回答。

涼涼的風拂過他們的腿。哼哼彎下腰，嗅嗅那股空氣。聞起來非常清新。

他們四肢著地，在膝蓋高度的牆面上找到一個開口，大小剛好夠一個小小人鑽過去。

哼哼望向盼盼，以一隻手臂向她示意，**妳先**。

盼盼鑽進地道，哼哼在後面跟著。

盼盼一馬當先，兩人爬啊爬，終於看見在地道盡頭的光亮。

那團光亮越來越亮，越來越亮……突然間——

盼盼和哼哼進入了白燦燦的光明之中，一開始太刺眼，他們什麼都看不見。他們站直身體，眨著眼睛，吸到了乾淨、清新的空氣。

他們的眼睛適應光亮以後，便看看四周。他們站在美麗的綠色原野上，清涼的微風在吹拂。

哼哼沒有見過這種地方，不曾嘗過這種滋味。他仰頭看著天花板，姑且當作那玩意兒就叫天花板好了，天花板是那麼藍，那麼高！上頭還有一團耀眼的金光，比他知道的任何光都更明亮、更溫暖，強烈到無法直視。

哼哼說不出話。他深深吸一口氣，將雙手插進口袋，閉上眼睛，仰著臉去感受金光的溫暖。

他的指尖碰到了口袋裡的某件東西，他抽出來瞧瞧，是一張紙，上頭寫著：「事實的真相。」

他看了內容。

然後捧腹大笑。

盼盼也笑了，感到不解。她從來沒有見過哼哼大笑，她應該連他的微笑都沒看過。

「咦，」她說，「上面寫了什麼？」

哼哼給盼盼看那張紙。

「上面說，我一定要找到新的乳酪，要不然，我會沒命的。」他注視著盼盼。「結果我找到了蘋果，吃進肚子，也沒把性命丟掉。」

她看著哼哼。「是啊，你沒死，我知道你不會死的。」

「上面還說迷宮很危險，充滿了黑暗的角落和死巷子。」

她點點頭。「結果一個黑暗的角落帶我們進了死巷子，來到這裡。」

「而最後一條呢，」哼哼又說，「說我只能自立自強，我只有一個人。」

盼盼綻出笑靨。「嘿，這一條絕對不符合事實，對吧。」她遞出一小塊自己剛才發現的乳酪。

他拿了乳酪，感恩地小小口地吃。「沒錯。」他說。「那不是事實。」

他們探索起迷宮外面的新世界，隨處都有蘋果和乳酪。

他們把蘋果跟乳酪加在一起吃吃看，很美味呢。

而且四面八方都一片光明！他們以前都沒有意識到，原來迷宮那麼昏暗、照明欠佳。

哼哼突然想到，離開迷宮就像離開舊信念的牢籠。

也許迷宮說穿了，就是這麼一回事。

有一件事是千真萬確的：這裡的空氣真的清甜多了！

哼哼再一次低頭看自己的小紙片。「**事實的眞相**。」他說道，又呵呵大笑。「那時候，這些話**感覺上就是事實**。」

盼盼點頭。「但實際上不是。」

「對。」哼哼說。「沒有一條符合事實。」

他將紙片翻到背面，在事實的真相背面寫下摘要，記錄這幾天發現的道理。

離開迷宮的出路

注意你的信念

信念是你認為千真萬確的想法。

Notice Your Beliefs

別相信你的所有念頭

有時候，「事實」只是你對事情的看法。

Don't Believe Everything You Think

放下無用的做法

你不能帶著舊包袱展開新的追尋。

Let Go of What Isn't Working

放眼迷宮之外

考量那些不太可能的事——探索不可能。

Look Outside the Maze

選擇新的信念

改變你的想法，

並不會讓你變成別人。

Choose a New Belief

你能相信的事是沒有極限的

你可以去做、去體驗、去享受的事物，

遠遠比你以為的更多。

There Are No Limits to What You Can Believe

他們坐在草地上，享受著陽光與涼風，哼哼又想起了他的朋友哈哈。他心想，要是哈哈跟他們在一起，他會更喜歡當下的這一切。

「你在想哈哈的事。」盼盼說。

哼哼點頭。她跟往常一樣，知道他的心思，他納悶盼盼是怎麼辨到的。

「我們得去找他。」她說。「還要去找你們的朋友嗅嗅跟快快。」

哼哼看著她，又點點頭。「那正是我的想法。」他說。

「好。」盼盼說。她對著哼哼微笑。「我們走。」

兩人站起來，盼盼再次牽起哼哼的手，突然間——

「哼哼！**哼哼！**」

哼哼驚訝極了，想不到在這個陌生的地方，居然會聽見有人叫喚他的名字。他轉過身，看到一個人踩著輕快的腳步，大步走向他。

是哈哈！

「你來了！」哈哈嚷著，一把抱住哼哼，雙手啪啪啪地拍著哼哼的背。

「你也是！」哼哼說。他看看四周。「嗅嗅和快快呢？」

哈哈噗哧一笑。「啊，你也曉得牠們的嘛——牠們是最早出來的！倒是哼哼你啊……我本來還在擔心你，怕你永遠找不到離開迷宮的路。」

「我差點就出不來。」哼哼承認道。「我以為自己被困在裡面。我以為自己必死無疑。」他嘆息。「我那時候犯了錯，我卻看不出來。我被自己的舊信念困住了。」

「那發生了什麼事？」哈哈靜靜地問。

哼哼回想了一下。

「起初，我很生氣。之後，肚子就餓了。接著，我找到了盼盼。」他轉頭看著盼盼，露出微笑。「盼盼，這位是——」

「**眞的**很高興能認識你，哈哈。」盼盼說，跟哈哈握手。

「幸會！」哈哈掛著笑容，微微行了禮，又對哼哼說：「在你找到盼盼之後呢？」

「然後，我就換了一副腦袋！」

哈哈露出親熱的笑容，又一次擁抱哼哼。「我一直都很想念你，好兄弟。我好高興你找到離開迷宮的路，我更高興你找到改寫信念的方法。」

「信念的力量很強大，對吧？」哼哼說。

三人默默站在一塊兒，玩味著信念的驚人力量，它既可以扯你後腿，也可以拉你一把——他們也思忖起那個教人興奮的領悟，也就是即使你改變了信念，你依然是你。

哼哼想到一件事。「等一下！」他從口袋摸出一顆自己撿到的蘋果，遞給哈哈。「你吃過這個嗎？」

哈哈快活地點點頭。「蘋果。」他說。「我很愛吃。」

「而且蘋果的味道跟乳酪眞的很搭！」兩個朋友異口同聲。

盼盼歪著頭。「可是你們知道另一件事嗎？」

兩人轉頭看她。

「我敢說這裡還有各式各樣的美味食物可以吃。」她說。「這裡有我們以前沒想過的東西，我們連想都想不到的東西。」

哼哼跟哈哈你看我、我看你。

可能有那種事嗎？

當然可能！

於是，三人出發去探索了。

故事說完了……

或者，這是另一個起點？

討論

A Discussion

丹尼斯說完故事便不再開口，看看全部的學員，每個人都在沉思，他等待著。

「哇！」亞力克斯說。

丹尼斯轉頭看他，露出微笑。「怎麼說？」

「哼哼真棒。」亞力克斯說。「他成功了，他走出了迷宮。」

「就跟《刺激一九九五》的安迪．杜佛蘭一樣（電影中冤獄的安迪最後逃獄成功。）。」賓說，引來哄堂大笑。上課上到現在，賓早已是全班公認的開心果。

「我以前的老闆就沒有這種運氣。」布蘿克說。

「是喔。」丹尼斯說。「是什麼狀況呢？」

「我剛從新聞學院畢業的時候，在一間市區的報社上班。發行人不相信我們必須發行電子報，誰都說不動他。連我們的廣告大戶紛紛改成在網路上打廣告，他還是相信憑著刊登平面廣告的進帳，就夠我們打平開銷。即使我們流失的讀者越來越多，大家都改看網路新聞，他仍然堅持己見，相信訂戶的數量很快便會恢復。我在那裡工作一年後，整間報社就關門大吉了。」

「他始終沒找到離開迷宮的路。」亞力克斯輕聲說道。

「信念的力量很強大。」丹尼斯說。「單單一個固執的信念，就可以讓整間公司倒閉，大家相信一向以來的情況，會永久持續下去，但從來就

不是這樣。」

「你們曉得馬克．吐溫怎麼說的嗎？」賓評論道。「害你惹上麻煩的並不是你不知道的事，而是那些你自認為一清二楚實際上卻狀況外的事。」

全班又哈哈大笑。

丹尼斯笑道：「馬克．吐溫照例又沒說錯，我來舉一個例子：鐵達尼號在一九一二年處女航的時候，大家以一個詞來描述這艘船。」

「不會沉沒的鐵達尼號！」布蘿克說。

「沒錯，**不會沉沒**，每個人都相信不會沉，因為他們認定了事實如此，就沒有配載足夠的救生艇。」

「結果死了一千五百多人。」布蘿克說。

「全是因為一個大家以為千真萬確的想法。」米雅補充說。

「**事實的眞相**。」亞力克斯低聲說。

全班沉默了一會兒。

「哎呀，要命。」賓說。

「我都開始覺得信念全都不是好東西了。」米雅說。「狹隘的觀點只會害我們惹上麻煩，但不可能有這種事。我的意思是，就連哼哼也找到一些對他有益的信念，不是嗎？」

「那當然。」丹尼斯說。「所有的信念都值得**檢視**，關鍵是要留意自己抱持了什麼信念，然後測試一番——也不見得全都要**棄如敝屣**。

「有的信念只會礙事，阻撓我們發揮最大的力量，甚至造成你我的隔閡，但有的信念是強而有力的真相，是鼓舞我們的明燈，扶持我們勇往直前，在最艱困的時期也不例外。」

「這就像是人皆生而平等的觀念。」賓指出。「造物主賦予每個人不可被剝奪的權利，包括對於生命、自由、追求幸福的權利。」

「或是哼哼相信盼盼是個好朋友的信念。」布蘿克也舉了例子。

「或是我們要信任自己的孩子。」米雅補充。

「或是要信任自己。」丹尼斯說。「相信自己來到這個世界是有原因的，相信自己對這個世界來說，具有獨一無二的價值。比方說，米雅，妳為什麼當醫生？」

「我想要減輕病人的痛苦。」米雅毫不遲疑地回答。

丹尼斯看著全班。「大家看得出來，這不光是一個她自己深信不疑的想法，這想要療癒別人的心願呢，就是米雅展露的**個人特質**。又好比布蘿克的個人特質，就是以滿腔的熱血追究真相，並且以一流的文字來呈現，這是核心價值，是實實在在的真相，永不改變。」

「問題是其餘的一切都變動不定啊，真該死！」賓插話進來。

「你說的也沒錯。」丹尼斯說，笑咪咪的。「這就是哼哼卡住的原因，狀況會改變，世界會翻轉。截至昨天都正確無誤的事，到了今天就突然不再是對的了。

「百視達認為，我們會永遠租借錄影帶來看電影，拍立得公司**確信**大家永遠都會用小小的方塊紙來拍快照，而一九九〇年代初期的書店，則認為網路書店成不了氣候，這是他們認知中的事實。

「他們依據這些信念來建構自己的未來，可是這些信念違反事實，他們就這樣垮臺了。」

「跟鐵達尼號一樣。」賓補上一句。

「跟鐵達尼號一樣。」丹尼斯附和他。

他環顧教室，看見坐在最後一排的那個學員，這個安靜的年輕人在皺眉。

「提姆？」他說。「你想發表意見嗎？」

每個人都轉頭看提姆，上個禮拜就是他提出了「那哼哼呢？」的問題，才會引發今天課堂上的討論。

「嗯，應該有吧。」提姆說。「其實我的工作沒問題，這是比較私人的事。」

丹尼斯輕輕地說：「如果你不介意說出來的話。」

「沒問題。今年年初的時候，我發現我的爸媽要分居。其實，是**已經**分居了，木已成舟。」

每個人都回頭看丹尼斯，丹尼斯說：「而你很難接受這件事。」

「什麼很難接受？是**不可能**接受才對，原本在我的這輩子裡，他們始終沒有變，是穩固的根基。在我的世界中，他們是唯一絕不會異動的事，現在，他們竟然隨隨便便就放棄了！」

「聽起來，這件事讓你很生氣。」丹尼斯說。

「我**氣死**了。」提姆說。「我是說，我仍然愛他們，可是現在我也有點討厭他們，我實在不能接受他們的做法。這下子，我要怎麼看待我的整個童年？我的童年不就全都成了謊言嗎？」

「要知道，」丹尼斯說，「人是會變的。」

提姆搖搖頭。「不是這種變法。」

丹尼斯想了一想。「你覺得**他們**怎麼看待這件事？」他說。

提姆聽到這樣的問題，似乎嚇了一跳。「我完全沒有概念。」

「那他們是怎麼說的呢？」

「他們說已經盡力了，覺得這是正確的決定，總有一天我會接受事實，打死我都不信會有那一天。」

丹尼斯停頓一下，然後說：「如果你試試看……換一個信念呢？」

「信念不是這樣運作的！」提姆衝口而出。教室裡一片靜默，然後他說：「啊，哇塞。」他又看著丹尼斯。「哼哼說過一模一樣的話，對吧？」他淡淡地笑一下。

丹尼斯聳聳肩，回以微笑。「是啊。」

「所以你想說什麼？」提姆說。「你的意思是他們作了正確的決定嗎？而要他們繼續廝守，解決兩人之間的問題，對他們來說不是更加正確的做法？」

丹尼斯搖搖頭。「輪不到我來論斷他們，可是關於信念這檔事，我喜歡套用哼哼的提問：**這個信念可以拉你一把？還是扯你後腿？這個信念可以讓你離開迷宮？還是讓你在原地打轉？**」

提姆低頭看著桌面，認真思考起來。

「提姆，你一定要記住一件事。」丹尼斯說。「改變你的想法，不代表你就不再是你。」

提姆抬起頭，直視丹尼斯的眼睛，然後緩緩地點了點頭。「是喔。」他說。「好。我再思考看看。」他停頓一下，又說：「也許我會爬過哼哼的地道，看看地道外面有沒有光明。」

丹尼斯綻出笑容。「太好了，提姆。」他向上看了牆上的時鐘。課堂時間即將結束。

「上個星期，」他說，「我們談到了如果狀況一下子出現劇烈的變化，我們可能會很茫然。有幾位同學問了一個很棒的問題，我在這裡改編一下措辭，就是：**我要從哪裡開始著手呢？**」

他看看全班的學員。「亞力克斯？」

其他人這才察覺上星期踴躍發言的亞力克斯，從丹尼斯講完新的故事之後，就幾乎沒有吭過聲。

亞力克斯沉默了很久，認真思考。他開口了，一開始講得很慢。

「在我看來，」他說，「要先從**自己**下手。」

丹尼斯點點頭，像在說：**請繼續解釋**。

「嗯，」亞力克斯說，「我滿腦子都一直想著問題，想著我們這一行不斷地轉變，想著這實在教人暈頭轉向，真的很難追上變化、知道下一步要怎麼做。」

「你說過，要是辦得到，你也想**跟著乳酪跑**。」布蘿克插進來，說出她的筆記內容。「但是大半時候，你連乳酪去哪了都不曉得。」

「對。」亞力克斯說。「而這正是哼哼嘗試的做法，對吧？他在迷宮裡四處遊蕩，想找出解決方案，但他需要踏出第一步的地方，根本不在迷宮內，而是在他自己的腦袋裡面。

「聽到你說『離開迷宮』，我心裡一動——困住我的迷宮不是我的工作，不是我們公司，甚至也不是我們這一行，而是我自己的做法。那我需要離開哪一座迷宮？我想，就是我自己的想法。」

「也許放下一些舊信念的時候到了。」布蘿克說。

「就是說啊。」亞力克斯回答。「還要選擇一些新的信念！」

賓笑嘻嘻的，補充：「不要忘了，哼哼對於選擇新的信念是怎麼想的：**迷宮外面有很美好的事物存在！**」

全班又哈哈大笑，鼓掌起來。賓站起來，行個禮。

「說得好。」丹尼斯說，掛著若有所思的笑容。「當你允許自己去相信，一個充滿嶄新可能性的世界就向你敞開了大門，這的確是相當美好的事。

「說到這個，各位朋友，我們的研習課程也要結束了。我要謝謝你們每一位的精采討論，祝福你們，希望你們在工作上或生活上，都有最好的發展。

「我要為各位奉上一個想法：如果你們覺得自己從這個小故事得到了珍貴的領悟，我希望你們會……

跟
別人
分享

以下是史賓賽在病程的最後階段寫的一封信，
從字裡行間就看得出來，
他如何把本書中的原則發揮到淋漓盡致。

致我的腫瘤

哈囉，腫瘤：

現在我愛上你了！原本的我畏懼你，跟你對抗，想打倒你。後來我檢視自己的信念，看看我的起心動念是出於愛，或是恐懼。

顯然，這些信念涉及了我的恐懼。

我很慶幸自己學會了去愛你，我覺得愛上你似乎是很奇怪的事，但我的人生卻因此而豐富許多。儘管我病了，也明白自己可能不久於人世，我的感恩之心卻大大增加，我待人更寬厚，與家人和朋友更親暱得多，更有使命感，而我的精神層次也加速發展。

因此，謝謝你，謝謝，謝謝！

——史賓賽・強森博士

後記

——《一分鐘經理人》共筆作者——肯・布蘭查博士

現在各位看完了《走出迷宮》，希望你已經了解信念的力量，明白信念深深地影響你的行為，左右你得到的結果。你或許會有一個問題：「史賓賽・強森是不是只在書上談論選擇信念的強大威力？還是他也依據這個原則來生活？」

我很樂於告訴各位，他真的言行合一，但我想告訴你的鮮活例子，卻令我感傷。

二〇一七年七月，胰臟癌奪走了我的共筆作者兼朋友。各位可能曉得，如果醫生診斷你罹患這一種癌症，多半都是壞消息，病人幾乎都活不久。史賓賽在接到通知後，認為自己有兩個選擇，要嘛以建立在恐懼之上的信念，來面對剩餘的生命，要嘛採用以愛為基礎的信念。如果他選擇恐懼，便是聚焦在自己身上。如果選擇愛，焦點則是別人。

他的選擇是活在愛中，這讓我非常欣慰，他不只主動關懷親密的家族成員與朋友，也聯絡因為各種原因而失去音訊的人，有的還是很多年不相往來的對象。

我們去看他的時候，每一位訪客都感受到史賓賽是以他們為重，關心他們的感受，而不是自己的病情。

我最後一次去探望史賓賽時，瑪格麗特．麥布萊德（Margret McBride）也來了，她是我們《一分鐘經理人》的作者經紀人。我們打電話給賴瑞．修斯（Larry Hughes），他是威廉．莫羅出版（William Morrow）的前總裁，出版過我們的著作，我們要向他道謝，感恩他在我們人生中扮演的角色。這通電話很令人難忘，很溫馨。我告辭的時候，抱了史賓賽一下，說他以及他選擇了正面信念的事實，都令我引以為榮。

見到史賓賽的選擇如何讓他在溫情的環繞下離世，他的公子艾默森、奧斯丁、克里斯提安跟我都感動萬分，更加決心要出版這一本對史賓賽意義重大的書。即使是現在，我們都感覺到史賓賽正在大力地給我們一分鐘讚美。

如果你跟我一樣喜愛這個小故事，請與別人分享這本書，讓史賓賽的遺愛延續下去，我一定會四處分享的！

寫於聖地牙哥

二〇一八年六月

銘謝

史賓賽・強森博士對世界的貢獻實在獨一無二！史賓賽是當代最受喜愛、影響力最大的作者之一，他不肯出風頭，寧可讓簡潔曉暢的寓言故事自行發聲。能夠將他臨別的贈禮《走出迷宮》送給這個世界，是我們的榮幸，感謝下列人士讓本書得以出版。以下是我們特別感謝的對象：

史賓賽的公子艾默森、奧斯丁、克里斯提安，他們是史賓賽人生中的重要人物，他們也出了一臂之力，讓這本新書加入史賓賽不朽的遺愛陣容。我們和史賓賽的廣大讀者也跟史賓賽的公子一樣失去了史賓賽，感恩他們的父親留給我們那麼多的禮物。

肯・布蘭查，他是史賓賽的好友與《一分鐘經理人》的共筆作者；當初，就是肯鼓勵史賓賽把故事寫出來，讓別人也能夠從故事中的簡單智慧受益，等到書出版之後，肯便立刻成為最熱血的代言人。

海倫姆·W·史密斯（Hyrum W. Smith），他長期付出，提供了無價的貢獻，協助讓這本書成真。

本書初期的讀者，他們協助讓本書蛻變成最佳的樣貌。

威廉斯與康諾利律師事務所（Williams & Connolly LLP）的羅伯特·巴內特（Robert Barnett）、史賓賽·強森信託基金會（Spencer Johnson Trust）的凱薩琳·紐漢（Kathryn Newnham）、安潔拉·瑞納迪作家經紀公司（Angela Rinaldi Literary Agency）的安潔拉·瑞納迪、史賓賽的執行助理南西·凱希（Nancy Casey），謝謝他們寶貴的支援與協助。

湯姆·杜塞爾（Tom Dussel）、塔拉·吉爾布萊德（Tara Gilbride）、愛許麗·麥克雷（Ashley McClay）、瑪德蓮·蒙哥馬利

（Madeline Montgomery）、克里斯・塞吉歐（Chris Sergio）、梅麗・孫（Merry Sun）、威爾・魏塞爾（Will Weisser）以及在普南（Putnam）與公事包（Portfolio）出版社的其餘團隊成員，他們為這本書的出版工作盡心盡力。

約翰・大衛・曼（John David Mann），他周密而恭謹地協助準備本書的書稿，以供出版之用；瑪格麗特・麥布萊德作家經紀公司（Margret McBride Literary Agency）的瑪格麗特・麥布萊德，感謝她的支援。

謝謝你，本書的讀者，也謝謝前作《誰搬走了我的乳酪？》的廣大讀者、書迷、擁護者與推廣者。

最後，要謝謝史賓賽本人。若要稱呼他「以簡明的言語包裝深奧真相的大師」，那確實符合事實，卻只是一部分的事實。這位醫生會身兼童書作者的身分，在後來成為暢銷寓言故事書的作者，並不是意外。他最殷切的期盼不僅僅是將智慧注入白紙黑字之中，更是要給大家一套可以改善人生的實用辦法，進而讓這個世界成為更健康、幸福、圓滿充實的地方。

艾凡・赫爾德 Ivan Held／G. P. Putnam's Sons出版社

亞德里安・柴克罕 Adrian Zackheim／Portfolio出版社

國家圖書館出版品預行編目資料

走出迷宮：尋找人生新乳酪
/ 史賓賽・強森博士 (Spencer Johnson, M.D.) 著；
謝佳真 譯 . -- 初版. -- 臺北市：平安文化, 2019. 7
面； 公分. -- (平安叢書；第634種)(Upward；102)
譯自：Out of the Maze
ISBN 978-957-9314-31-2 (精裝)

178.3 108009180

平安叢書第634種

UPWARD 102

走出迷宮

尋找人生新乳酪

Out of the Maze

作　　者—史賓賽・強森博士
譯　　者—謝佳真
發 行 人—平　雲
出版發行—平安文化有限公司
台北市敦化北路120巷50號
電話◎02-27168888
郵撥帳號◎18420815號
皇冠出版社(香港)有限公司
香港銅鑼灣道180號百樂商業中心
19字樓1903室
電話◎2529-1778　傳真◎2527-0904
總 編 輯—許婷婷
責任編輯—平　靜
美術設計—王瓊瑤
著作完成日期—2018年
初版一刷日期—2019年07月
初版三刷日期—2021年11月
法律顧問—王惠光律師

讀者服務傳真專線◎02-27150507
電腦編號◎425102
ISBN◎ 978-957-9314-31-2
Printed in Taiwan
本書特價◎新台幣299元/港幣100元